精選言語文化　古典本文ノート　漢文編

本書の構成と特色

・本書は、『精選言語文化』の「漢文編」採録の教材から、本文（白文）、脚注、脚問、手引きの問題を掲載したノートです。
・本文の行間を広くとり、書き込みがしやすいように配慮しました。また奇数ページには罫線のみのページを用意して、板書や現代語訳などを自由に書き込めるようにしました。
・教科書本文中の地図などもできる限り掲載しました。
・脚注番号、脚問番号は教科書と対応しています。
・参照ページは教科書のページを示しています。

目次

◆漢文入門 訓読に親しむ(一)

検印

良薬苦口。

歳月不待人。

行百里者半九十。

百聞不如一見。

必有得天時者。

◆漢文入門

訓読に親しむ(二)

先即制人、後則為人所制。

君子欲訥於言而敏於行。

天下莫柔弱於水。

無見其利而不顧其害。

◆漢文入門 訓読に親しむ(三)

及時当勉励。

過猶不及。

未知明日事。

不知老之将至。

学習の手引き

一　読む順に、番号をつけてみよう。

1　於《おイテ》レ物ニ無キレ不ルレ陥《とほサ》也。　□□□□□□

2　若《なんぢハ》非《あらズ》ニ吾《わガ》故人ニ一乎《や》。　□□□□□□

3　家貧シクシテ不ニ常ニハ得一レ油ヲ。　□□□□□□

4　有リ下能《よク》為スニ狗《く》盗《たうヲ》一者上。　□□□□□□

5　吾《われ》日ニ三ヨ省ス吾ガ身ヲ一。　□□□□□□

二　書き下し文を参考にして、次の文に返り点をつけてみよう。

1　所向無敵。〈向かふ所敵無し。〉

2　人非木石。〈人は木石《ぼくせき》に非ず。〉

3　略定秦地。〈秦《しん》地を略定す。〉

4　欲改推作敲。〈推を改めて敲《かう》と作《な》さんと欲す。〉

5　無友不如己者。〈己に如かざる者を友とすること無かれ。〉

6　吾不復夢見周公。〈吾復《ま》た夢に周公《しうこう》を見ず。〉

7　如揮快刀断乱麻。〈快刀を揮《ふる》つて乱麻を断つが如《ごと》し。〉

三 書き下し文を参考にして、次の文に返り点をつけてみよう。

1 習 与 性 成。〈習ひ 性と成る。〉

2 防 民 之 口、甚 於 防 水。〈民の口を防ぐは、水を防ぐよりも甚だし。〉

3 忠 言 逆 於 耳、而 利 於 行。〈忠言は耳に逆らへども、行ひに利あり。〉

4 有 一 言 而 可 以 終 身 行 之 者 乎。〈一言にして以つて終身之を行ふべき者有りや。〉

四 次の文を書き下し文にしてみよう。

1 仁ハ人ノ心也。

2 苗ハ則チ槁《か》レタリ矣。

3 乗リテレ桴《いかだ》ニ浮カバン二于海ニ一。

4 紅ナリ二於二月ノ花ヨリモ一。

5 忘レタル二会《くわい》稽《けい》之恥ヲ一邪《か》。

6 独リ不ランレ愧《は》ヂ二於心ニ一乎《や》。

7 甚シキ哉《かな》愛憎之時。

8 尭《げう》舜《しゆん》与レ人同ジキ耳《のみ》。

11　教科書　p.234～241

五 書き下し文を参考にして、次の文に返り点と送り仮名を施してみよう。

1 将 来。〈将に来たらんとす。〉 2 当 然。〈当に然《しか》るべし。〉

3 応 有 意。〈応に意有るべし。〉 4 将 限 其 食。〈将に其の食を限らんとす。〉

5 趙 且 伐 燕。〈趙《てう》且に燕《えん》を伐《う》たんとす。〉

6 宜 在 高 位。〈宜しく高位に在るべし。〉

7 盍 為 我 言 之。〈盍ぞ我が為に之を言はざる。〉

8 須 惜 少 年 時。〈須らく少年の時を惜しむべし。〉

六 次の文を書き下し文にしてみよう。

1 対シテハレ酒ニ当ニシレ歌フ。

2 猶ホキ二子ノ事《つか》フルガレ父ニ一也。

3 盍ゾルレ反《かへ》ラ二其ノ本ニ一矣。

4 幽 人 応ニシレ未ダルレ眠ラ。

5 且ニ三後ニ為ラント二国ノ患ヒト一。

6 得バレ意ヲ須ラクシレ尽クスレ歓ヲ。

7 宜シクシレ取ル二其ノ所ヲ一レ長ズル。

七 次の語句に返り点と送り仮名を施してみよう。

1 地震

2 避難

3 中毒

4 未然

5 已然

6 不可避

7 不世出

8 未曽有

八 次の語句を書き下し文にしてみよう。

1 日進月歩

2 以心伝心

3 有名無実

4 百発百中

5 臨機応変

6 勧善懲悪

7 巻土重来

8 傍若無人

◆故事成語

漁父之利

戦国策

戦国時代[1]、強国の秦[2]が他国へと侵攻する中、蘇代[3]は趙[4]の恵文王[5]のところに赴き、次のようなたとえ話を使って、燕[6]に対する攻撃を取りやめさせた。

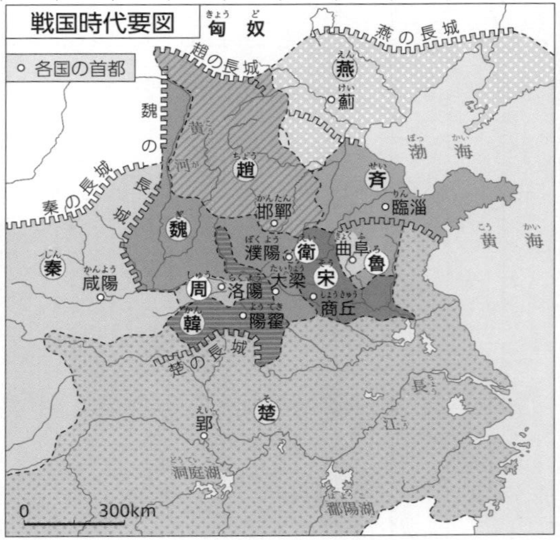

今者臣来、過易[7]水。蚌[8]方出曝[9]。

而鷸[10]啄其肉。蚌合而箝其喙。鷸曰、

「今日不*雨、明日不雨、即有死蚌。」

1 **戦国時代**　前四〇三―前二二一。晋《しん》が韓・魏《ぎ》・趙に分裂してから、秦が中国を統一するまでの時代。

2 **秦**　春秋・戦国時代に、今の陝西《せんせい》省一帯を領有した国。

3 **蘇代**　生没年未詳。戦国時代の遊説家。燕の昭王（二五八ページ注4参照）のために活躍した。

4 **趙**　戦国時代に、今の山西省中部・河北省西南部・河南省北部を領有した国。

5 **恵文王**　前二九八―前二六六在位。

6 **燕**　春秋・戦国時代に、今の河北省北部を領有した国。

7 **易水**　河北省易県に源を発する川。

8 **蚌**　どぶがい。淡水産の二枚貝。殻の長さ約十センチメートル。干潟の泥の中に生息する。

9 **出曝**　泥の中から出てひなたぼっこをする。

10 **鷸**　しぎ。くちばしと脚が長く、体長は大きいものでカラス大。河原や河口の干潟に生息する。

検印

蚌亦謂鷸曰、「今日不出、明日不出、

即有死鷸。」両者不肯相舎。漁者得而

幷擒之。

学習の手引き

一 返り点の用法と助字の意味に留意して、繰り返し訓読しよう。

二 「漁者」が「幷擒之」ことができた理由を説明してみよう。

三 本文に登場する三者は、導入文に書かれている三国とどのように対照されているか考え、蘇代はこの話で何を伝えようとしたのか、説明してみよう。

活動の手引き

一 「漁父之利」という言葉やその由来を知らない人にもわかるように工夫して、独自の故事成語事典を作成しよう。

＊不二～一。（否定）～ない。

◆故事成語

狐借虎威

戦国策

戦国時代、楚[1]の宣王[2]のころは、楚の北方にある秦[3]・魏[4]・斉[5]が強大であった。あるとき、宣王が「北方では、わが国の昭奚恤[6]を恐れているということだが、本当にそうなのか。」と問いかけると、江乙[7]が次のような話をした。

虎求百獣而食之、得狐。狐曰、

「子無*敢食我也。天[8]帝使*我長百獣。

今子食我、是逆天帝命也。子以我

為不信、吾為子先行。子随我後観。

百獣之見我、而敢*不走乎。」虎以為然。

1 **楚** 春秋・戦国時代に、長江中流域を領有した国。

2 **宣王** 前三六九―前三四〇在位。

3 **秦** 二四六ページ注2参照。

4 **魏** 戦国時代に、今の山西省南西部・河南省北部を領有した国。

5 **斉** 春秋・戦国時代に、今の山東省一帯を領有した国。

6 **昭奚恤** 生没年未詳。楚の王族で、このとき宰相。

7 **江乙** 生没年未詳。魏の人。魏の使者として宣王に近づき、昭奚恤の失脚を画策した。

8 **天帝** 天の神。

検印

故遂与之行。獣見之皆走。

虎不知獣畏己而走也。以為畏狐也。

学習の手引き

一 返り点の用法と助字の意味に留意して、繰り返し訓読しよう。

二 「虎」「狐」「百獣」が、導入文に書かれている何のたとえになっているかを考え、江乙は宣王にどのようなことを伝えようとしたのか、説明してみよう。

活動の手引き

一 「狐借虎威」という言葉やその由来を知らない人にもわかるように工夫して、独自の故事成語事典を作成しよう。

＊無《カレ》二敢《ヘテ》~一。(否定・禁止)進んで(決して)~てはいけない。
＊使《ム》二|~《ヲシテ(セ)》一。(使役)|に~させる。
＊敢《ヘテ》不《ラン》二~一乎《や》。(反語)どうして~ないことがあろうか、いや、~する。

◆故事成語

蛇足

戦国策

戦国時代、楚[1]の将軍の昭陽[2]は、北方の魏[3]を攻めて大勝し、次いで東方の斉[4]を攻めようとした。そのとき、陳軫[5]が斉王のために昭陽のもとに赴いて、「これ以上の手柄を立てたとしても、今の爵位を上回るものは得られません。」と説き、斉への攻撃をやめさせた。その際に、次のようなたとえ話を使っている。

楚有祠[6]者、賜其舎[7]人卮[8]酒。舎人
相謂曰、「数人飲之不足、一人飲之有余。
請画地為蛇、先成者飲酒。」一人蛇先成。
引酒且飲之。乃左手持卮、右手画蛇曰、
「吾能為之足。」未成、一人之蛇成。

1 楚 二四八ページ注1参照。
2 昭陽 楚の懐王《かいおう》（前三二八―前二九九在位）の将軍。
3 魏 二四八ページ注4参照。
4 斉 二四八ページ注5参照。
5 陳軫 生没年未詳。遊説家。秦・楚を中心に活躍した。
6 祠者 祭祀《さいし》を主宰する者。
7 舎人 貴人に仕え、雑事をする者。
8 卮酒 大杯についだ酒。「卮」は大杯。

検印

奪其卮曰、「蛇固無足。子安*能為之足。」

遂飲其酒。為蛇足者、終亡其酒。

学習の手引き

一 返り点、及び再読文字の用法と助字の意味に留意して、繰り返し訓読しよう。

二 蛇に足を描いた者が、導入文に書かれている誰のたとえになっているかを考え、陳軫は昭陽にどのようなことを説こうとしたのか、説明してみよう。

活動の手引き

一 「蛇足」という言葉やその由来を知らない人にもわかるように工夫して、独自の故事成語事典を作成しよう。

*安《クンゾ》～《ン》。(反語)どうして～であろうか、いや、～ではない。

◆史伝 完璧 十八史略

戦国時代[1]、西方の強国の秦[2]に対抗すべく、趙[3]をはじめとする東方の国々は、同盟して秦の侵攻を阻んでいた。

趙恵[4]文王嘗得楚[5]和[6]氏璧。秦昭[7]王

請以十五城易之。欲不与、畏秦強、

欲与、恐見*欺。藺[8]相如曰、「願奉[9]璧往。

城不入、則臣請完璧而帰。」

既至。秦王無意償城。相如乃給取璧。

1 戦国時代 二四六ページ注**1**参照。
2 秦 二四六ページ注**2**参照。
3 趙 二四六ページ注**4**参照。
4 恵文王 二四六ページ注**5**参照。
5 楚 二四八ページ注**1**参照。
6 和氏璧 楚の卞和《べんか》が見つけた璧。当時、大変価値のある宝物とされた。「璧」は、円形平板で中央に穴のある玉。
7 昭王 前三〇六—前二五一在位。
8 藺相如 生没年未詳。趙の賢臣。
9 奉 ささげ持つ。

検印

29　教科書　p.256〜257

怒[10]髪指冠。却[11]立柱下曰、「臣頭与璧倶砕。」

遣*従者懐璧間[12]行先帰、身❶待命於秦。

秦昭王賢而帰之。

学習の手引き

一 本文中において「完璧而帰」とはどういう意味を持つか、当時の時代状況をもとに説明してみよう。

二 藺相如の言動からうかがえる人物像を整理しよう。

活動の手引き

一 藺相如が再び趙と秦との間に立って活躍する「澠池《べんち》の会」について調べ、そこに表された人物像を本文と比較してみよう。

10 怒髪指冠 髪が逆立って冠を突き上げる。激怒するさま。

11 却立 後ずさりして立つ。

12 間行 ひそかに行く。

❶「身待命於秦」とは、どういう意味か。

＊見る二〜一。（受身）〜される。

＊遣ム二―ヲシテ〜一（セ）。（使役）―に〜させる。

◆史伝

先従隗始　十八史略

戦国時代、燕[1]国では王の噲[2]が遊説家の甘言にのせられ、臣下に王位を譲って隠居するなど乱脈な政治が行われ、混乱の極みにあった。その隙に乗じた斉[3]の攻撃により、噲は殺されてしまった。

燕人立太子平為君。是為昭[4]王。

弔[5]死問生、卑[6]辞厚幣、以招賢者。

問郭[7]隗曰、「斉因孤[8]之国乱、而襲破燕。

孤極知燕小不足以報。誠得賢士

与共[9]国、以雪先王之恥、孤之願也。

1 **燕**　二四六ページ注6参照。
2 **噲**　前三二一—前三一二在位。
3 **斉**　二四八ページ注5参照。
4 **昭王**　前三一一—前二七九在位。
5 **弔死問生**　戦死者を弔い、生存者を見舞う。
6 **卑辞厚幣**　へりくだった言葉遣いをし、多くの礼物を用意する。
7 **郭隗**　生没年未詳。燕の賢者。
8 **孤**　諸侯の自称。
9 **共国**　国事を相談する。

検印

先生視可[10]者。得身[11]事之。」

隗曰、「古❶之君有以千金使*涓[12]人

求千[13]里馬者。買死馬骨五百金而返。

君怒。涓人曰、『死馬且*買之。況生者乎。

馬今至矣。』不期[14]年、千里馬至者三。

今、王必欲致[15]士、先❷従隗始。況賢於*隗者、

10 可者 ふさわしい人物。

11 身 自分自身。

❶ 郭隗の「古之君」に始まるたとえ話はどこまでか。

12 涓人 君主のそば近くに仕える人。

13 千里馬 一日に千里を走るほどの名馬。

14 期年 まる一年。

15 致士 賢人を招き寄せる。

❷ 「先従隗始」とは、具体的に何をせよというのか。

豈*遠千里哉。」於是昭王為隗改築宮、

師事之。於是士争趨燕。

学習の手引き

一 昭王が賢者を求めた理由と、その方法を整理しよう。

二 馬のたとえが何を表しているかを考え、郭隗が用いた論理の巧みさを説明してみよう。

活動の手引き

一 「隗より始めよ」という言葉の本来の意味と、現在使われている意味との違いを調べて発表しよう。

*使《ム》三―《ヲシテ》〜《(セ)》ニ=《ヲ》一。(使役)―に=を〜させる。
*〜《スラ》且《ツ》―。況《ンヤ》=《ヲ》乎《や》。(抑揚)〜でさえ―である。まして=においてはいうまでもない。
*〜ニ於―《ヨリ(モ)》一。(比較)―よりも〜。
*豈《ニ》〜《ン》哉《や》。(反語)どうして〜ようか、いや、〜ない。

◆史伝

臥薪嘗胆　十八史略

春秋時代[1]の後半、それまで異民族の住む未開の地であった長江の下流域に興った呉[2]と、その南の越[3]が力をつけ、抗争を繰り返すようになった。

呉王闔[4]廬挙伍[5]員謀国事。員字子胥。楚[6]人伍奢之子。奢誅而奔呉、以呉兵入郢[7]。

呉伐越、闔廬傷而死。子夫[8]差立。子胥復事之。夫差志復讎、朝夕臥薪中、出入

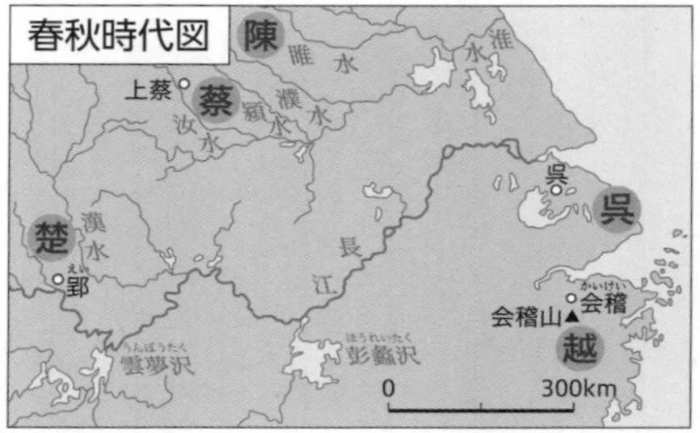

1 **春秋時代**　前七七〇—前四〇三。周が洛陽《らくよう》に遷都してから、晋が韓・魏・趙の三国に分裂するまでの時代。

2 **呉**　春秋時代に、長江下流域を領有した国。

3 **越**　春秋時代に、今の浙江《せっこう》省一帯を領有した国。

4 **闔廬**　前五一四—前四九六在位。

5 **伍員**　?—前四八四。楚の人。父の奢と兄とを楚の平王に殺され、呉に亡命して闔廬に仕えた。

6 **楚**　二四八ページ注1参照。

7 **郢**　楚の都(今の湖北省荊州《けいしゅう》市)。

8 **夫差**　呉王。前四九五—前四七三在位。

検印

使人呼曰「夫差、而忘越人之殺而父邪*。」

周[9]敬王二十六年、夫差敗越于夫[10]椒。

越王句[11]践、以余兵棲会[12]稽山、

請為臣、妻為妾[13]。子胥言「不❶可。」

太[14]宰伯[15]嚭受越賂、説夫差赦越。

句践反国、懸胆於坐臥、即仰胆嘗之曰、

9 **周敬王二十六年** 前四九四年。
10 **夫椒** 今の江《こう》蘇《そ》省蘇州市の南西にある山。
11 **句践** 前四九六—前四六五在位。
12 **会稽山** 今の浙江省紹《しょう》興《こう》市の南東にある山。
13 **妾** 侍女。
❶ 子胥はなぜ「不可」と言ったのか。
14 **太宰** 官名。宰相。
15 **伯嚭** 生没年未詳。楚の人。

「女忘会稽之恥邪。」挙国政属[16]大夫種[17]、

而与范[18]蠡治兵、事謀呉。

太宰嚭譖[19]子胥恥謀不用怨[20]望。

夫差乃賜[2]子胥属[21]鏤之剣。子胥

告其家人曰、「必樹吾墓檟[22]。檟可材也。

抉吾目、懸東門。以観越兵之滅呉。」

16 **属**　任せる。

17 **種**　生没年未詳。姓は文、種は名。春秋時代の越の功臣。

18 **范蠡**　生没年未詳。字は少伯。春秋時代の越の功臣。

19 **譖**　中傷する。そしる。

20 **怨望**　うらみに思う。「怨」も「望」も、うらむ意。

[2] 剣を「賜」うとは、ここではどういう意味を持つか。

21 **属鏤之剣**　名剣の名。

22 **檟**　ひさぎ。棺おけの材として用いられた。

乃自[23]刎。夫差取其尸、盛以鴟[24]夷、投之江。

呉人憐之、立祠江上、命曰胥山。

越、十年生[25]聚、十年教[26]訓。周[27]元王四年、

越伐呉。呉三戦三北。夫差上姑[28]蘇、

亦請成[29]於越。范蠡不可。夫差曰、

「吾無*以見子胥。」為幎[30]冒乃死。

23 **自刎** 自分で自分の首をはねて死ぬ。自殺すること。

24 **鴟夷** 馬の皮で作った、酒を入れる袋。

25 **生聚** 民を生じ、財を聚《あつ》む意で、国民を増やし、物資を豊かにする。

26 **教訓** 軍事訓練を施す。国力を充実させること。

27 **周元王四年** 前四七三年。

28 **姑蘇** 今の江蘇省蘇州市の南西の姑蘇山上にあった台の名。

29 **成** 和解。講和。

30 **幎冒** 死者の顔を覆う四角い布。あの世で合わせる顔がないという意味を表す。

＊～邪《か》。(疑問)～か。

＊無シ二～一。(否定)～ない。

学習の手引き

一 登場人物を呉と越と楚に分けて、役割を整理しよう。

二 夫差の「臥薪中」、句践の「仰胆嘗之」という行動にはどのような意味があるか、説明してみよう。

三 伍員の「必樹吾墓檟。」「抉吾目、懸東門。」という遺言にはどのような意味があるか、説明してみよう。

活動の手引き

一 呉王夫差が、伍員の死体を「盛以鴟夷、投之江」した理由を調べて、発表しよう。

二 范蠡には、「狡兎《かうと》死して走狗《そうく》烹《に》らる」という言葉の由来となった話が残されている。どのような話かを調べ、言葉の意味とともに発表しよう。

◆漢詩

唐詩の世界

自然を描く

春暁

孟浩然

春眠不❶覚暁　処[1]処聞啼鳥

夜来風雨声　花落知[2]多少

❶「不覚暁」とはどういう意味か。

1 **処処** あちらこちら。

2 **知多少** どれほどであろうか。

検印

江雪

柳 宗元

千山鳥飛絶　万径人[1]蹤滅

孤舟蓑笠翁　独[2]釣寒江雪

1 **人蹤** 人の足跡。

2 「独釣寒江雪」には、作者のどのような心情がこめられているか。

江[1]南春

杜牧

千里鶯啼緑映紅　水村山[2]郭酒[3]旗風
南[4]朝四百八十寺　多[5]少楼台煙雨中

1 **江南**　長江下流の南の地域。
2 **山郭**　山辺の村。「郭」は集落を囲む壁。
3 **酒旗**　酒屋を示す旗。
4 **南朝**　建康（今の江蘇省南京《ナンキン》市）を都とした六つの王朝。当時、仏教が盛んであった。
5 **多少**　たくさん。

学習の手引き

一　それぞれの詩について、詩人は、自然をどのように描写し、それによって、どのような心情を表現しているか、比較してみよう。

二　それぞれの詩について、一首の構成と押韻とを調べてみよう。

月を望む

静夜思

李白

牀[1]前看月光　疑是地上霜

挙頭望山[❶]月　低頭思故[❶]郷

1 牀　寝台。

❶「山月」と「故郷」とは、どのように関係しているか。

検印

月夜

杜甫

今夜鄜[1]州月　閨[2]中只独看

遥憐小[3]児女　未[❷]解憶長安

香霧雲[4]鬟湿　清輝玉[5]臂寒

何[*]時倚虚[6]幌　双照涙痕乾

1 鄜州 今の陝西省富県。当時、杜甫の妻子が避難していた場所。二六九ページ注**3**参照。

2 閨 婦人の部屋。

3 小児女 このとき、杜甫には二男二女があった。

❷ 「未解憶長安」とは、どういう意味か。

4 雲鬟 雲のように豊かなまげ。

5 玉臂 玉のように美しい腕。

6 虚幌 人気のない部屋の窓のとばり。

＊ 何レ時カ～。（疑問）いつ～か。

八月十五日夜、禁[1]中独直[2]、対月憶元[3]九

白居易

銀[4]台金[5]闕夕沈沈　独宿相思在翰[6]林

三五夜中新月色　二千里外故人心

渚[7]宮東面煙波冷　浴[8]殿西頭鐘[9]漏深

猶恐清光不❸同見　江[10]陵卑湿足秋[11]陰

1 禁中　宮中。ここでは長安の大明宮のこと。

2 直　宿直する。

3 元九　元稹《げんじん》(七七九―八三一)中唐の詩人。字は微之《びし》。九は排行《はいこう》(一族の同世代の男子の出生順序)。

4 銀台　銀台門のこと。翰林院は、この門のそばにある。

5 金闕　宮殿の総称。「金」は美称。

6 翰林　翰林院。天子の詔書などをつかさどる役所。このとき、白居易は翰林学士の職にあった。

7 渚宮　春秋時代の楚の王宮の一つ。水辺の宮殿の意。その古跡が江陵にあった。

8 浴殿　大明宮内にある宮殿の名。翰林院の東にあった。

9 鐘漏　時刻を告げる鐘の音。

❸「不同見」とは、どういう意味か。

10 江陵　今の湖北省江陵県。元稹はこの地に左遷されていた。

11 秋陰　秋の曇りの日。

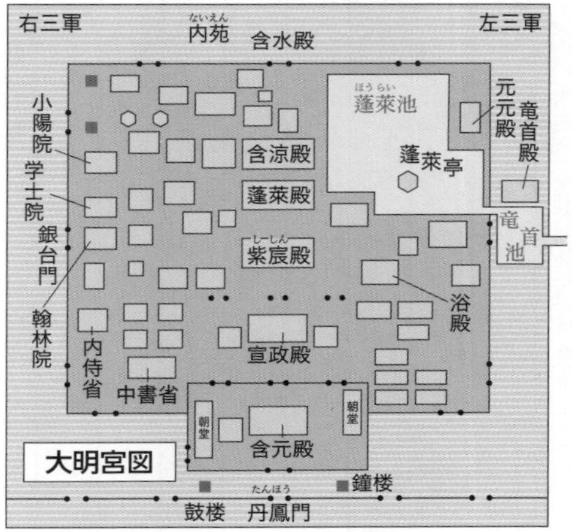

大明宮図

学習の手引き

一 それぞれの詩について、月にこめられた作者の思いを比較してみよう。

二 それぞれの詩について、対句の構成を考えてみよう。

教科書　p.264〜269

別れを思う

黄[1]鶴楼送孟[2]浩然之広[3]陵　李白

故[4]人西辞黄鶴楼
煙[5]花三月下揚州
孤帆遠影碧空尽
唯*見長江天際流

1 **黄鶴楼** 今の湖北省武漢市の、長江右岸にある高楼。
2 **孟浩然** 二六四ページ脚注参照。
3 **広陵** 揚州(今の江蘇省揚州市)のこと。当時の揚州は、中国第一の経済都市であった。
4 **故人** 古くからの友人。
5 **煙花** 春がすみの中に咲く花。

1 作者の送別の気持ちはどこに最も強く表れているか。

*唯《ダ》～《(ノミ)》。(限定) ただ～だけだ。

検印

送元[1]二使安[2]西　　王維

渭[3]❷城朝雨浥軽塵　客❷舎青青柳色新

勧君更尽一杯酒　西出陽[4]関無故人

1 元二　誰かは未詳。元は姓、二は排行。

2 安西　安西都護府(今の新疆《しんきょう》ウイグル自治区庫車《クチャ》県)。西域を管轄する政府機関。

3 渭城　渭水《いすい》北岸の町。当時長安の人々は、西域へ旅立つ人をこの町まで送った。

❷第一・二句は、作者のどのような気持ちを表しているか。

4 陽関　今の甘粛省敦煌《とんこう》市の西南。

春望

杜甫

国[1]破山河在
城春草木深
感時[2]花❸濺涙
恨別[3]鳥❸驚心
烽火連三月
家[4]書抵万金
白頭搔更短[5]
渾[6]欲不勝簪[7]

1 国 ここは、国都長安(今の陝西省西安市)をさす。

2 時 当時、長安は安禄《あんろく》山《ざん》の反乱軍の手に落ちていた。

3 別 妻子は鄜州羌《きょう》村(長安の北約二百キロメートル)におり、杜甫は長安に抑留されていた。

❸ 「花濺涙」「鳥驚心」は、それぞれどのような意味か。

4 家書 家族からの手紙。

5 短 少ない。

6 渾 全く。

7 簪 かんざし。士大夫であることを示す冠を髪にとめるもの。

学習の手引き

一 それぞれの詩は、どのような別離を描いているか、比較してみよう。

二 杜甫の詩について、「白頭搔更短」にこめられた心境を説明してみよう。

◆漢詩

日本の漢詩

読家書

菅原道真

消息寂寥三月余　便[1]風吹[2]著一封書

西❶門樹被*人移去　北❶地園教*客寄居

紙裏生[3]薑称薬種　竹籠昆布記斎[4]儲

不言妻子飢寒苦　為是還愁懊悩余

1 **便風**　都合よく都の方角から大宰府《だざいふ》に向かって吹いてくる風。
2 **吹著**　吹き届ける。
❶第三・四句は、どのようなことを表しているか。
3 **生薑**　生姜《しょうが》。漢方薬になる。
4 **斎儲**　もの忌みのための備え。

＊被ル二―ニ〜(セ)一。（受身）―に〜される。
＊教ム二―ヲシテ〜(セ)一。（使役）―に〜させる。

検印

桂[1]林荘雑詠、示諸生

広瀬淡窓

休道他郷多苦辛　同[2]袍有友自相親

柴[3]扉暁出霜如雪　君❷汲川流我拾薪

1 **桂林荘** 淡窓が開いた私塾。

2 **同袍** 綿入れをともにする。仲がよいことをいう。

3 **柴扉** 雑木の小枝で作られた質素な扉。

❷ 第四句は何をするための行為か。

道情

中野逍遥

擲[3]我百年命　換[3]君一片情

仙[1]階人不見　唯聴玉琴声

[3] 第一・二句は、作者のどのような気持ちを表しているか。

1 **仙階** 仙人が住む家の階段。片思いの相手の女性を仙女にたとえた表現。

学習の手引き

一 「読㆓家書㆒」詩について、手紙の内容と、家族に対する作者の思いを説明してみよう。

二 「桂林荘雑詠、示㆓諸生㆒」詩は、誰に対するどのような思いを表しているか、説明してみよう。

三 「道㆑情」詩について、「百年命」「仙階」「玉琴」という表現が詩に与える効果を説明してみよう。

◆思想

論語

学び

子[1]曰、「学[2]而時習之。不*亦説[3]乎。有朋自遠方来。不亦楽乎。人不❶知而不慍[4]。不亦君[5]子乎。」（学而）

子曰、「温[6]故而知[7]新、可以為❷師矣。」（為政）

子曰、「学❸而不思[8]、則罔[9]。思❸而不学、

1 **子** 男子に対する敬称。ここでは先生の意。『論語』では孔子をさすことが多い。
2 **学** 古典を学ぶ。
3 **説** 心の中に喜びがわいてくる。
❶「不知」とあるが、何が理解されないのか。
4 **慍** 心の中に不満を持つ。
5 **君子** 人格の優れた人。
6 **温故** 古典を習熟するまで学ぶ。
7 **知新** 新しい意味を見つけて、考え、行動する。
❷「為師」とあるが、なぜ師となれるのか。
8 **思** 思索する。
9 **罔** 物事の道理にくらい。
❸「学」と「思」とはどのような関係か。

検印

則殆[10]。」（為政）

子曰、「古之学者為己、今之学者為人。」（憲問）

子曰、「学如[11]不及、猶恐失之[4]。」（泰伯）

子曰、「由[12]、誨女知[5]之乎。知之為知之、不知為不知。是知也。」（為政）

10 殆 道理にはずれて危険である。

11 如不及 まだ十分ではないという様子でいる。

[4] 「之」は何をさすか。

12 由 子路《しろ》の名。姓は仲《ちゅう》、字は子路、または季路《きろ》。孔子より九歳年少。勇を好み、直情径行であった。

[5] 孔子のいう「知」とはどういうことか。

＊不㆓亦～㆒乎《や》。（感嘆）なんと～ではないか。

学習の手引き

一 孔子は、学びとはどのようなものだと述べているか、説明してみよう。

二 孔子は、学びの方法としてどのようなことを述べているか、まとめてみよう。

仁

子曰、「巧言令[1]色、鮮矣仁。」（学而）

子[2]貢問曰、「有一言而可以終身行之者乎[*]。」

子曰、「其恕[3][1]乎[*]。[1]己所不欲、勿[*]施於人。」（衛霊公）

1 **令色** うわべだけ愛想がよいこと。

2 **子貢** 姓は端木《たんぼく》、名は賜《し》。子貢は字。孔子より三十一歳年少。

3 **恕** 相手を思いやる気持ち。

[1] 「恕」と、下の「己所不欲、勿施於人」とは、どのような関係にあるか。

検印

子貢曰、「如*有博施於民、而能済衆、何*如。可謂仁❷乎*。」

子曰、「何*事[4]於仁。必也聖❷乎。堯[5]・舜其猶病[6]諸❸。夫仁者、己欲立[7]而立人、己欲達[8]而達人。能近取譬。可謂仁之方也*已。」（雍也）

4 事　問題とする。

❷「仁」と「聖」とはどう違うか。

5 堯・舜　夏王朝以前に存在したとされる聖天子。

6 病　憂える。

❸「諸」は、何をさすのか。

7 立　立身する。

8 達　栄達する。

有[9]子曰、「其為人也、孝[10]弟[11]而好犯上[12]者、

鮮矣。不好犯上、而好作乱[13]者、

未*之有也。君子務本。本立而道生。

孝[4]弟也者、其為仁[4]之本与*。」

（学而）

9 有子 孔子の門人。名は若《じゃく》、字は子《し》有《ゆう》。孔子より四十三歳年少。

10 孝 親を敬うこと。

11 弟 年長者を敬うこと。

12 上 目上の者。

13 乱 社会を無秩序な状態にすること。

4 「孝弟」がなぜ「仁之本」なのか。

学習の手引き

一 孔子の述べる「仁」とはどういうものか、説明してみよう。

二 孔子は、「仁」に至る方法としてどのようなことを述べているか、まとめてみよう。

＊〜乎。（疑問）〜か。

＊勿カレ二〜一。（否定・禁止）〜てはいけない。

＊如シ〜バ、（仮定）もし〜であれば、

＊〜何如。（疑問）〜はどうか。

＊何ゾ〜ン。（反語）どうして〜ようか、いや、〜ない。

＊〜也已。（限定）〜だけだ。

＊未ダ二〜一。（否定）まだ〜ない。

＊〜与《か》。（疑問）〜か。

政治

季[1]康子問政於孔子。

孔子対曰、「政者正也。子帥以正、

孰*敢不正。」

(顔淵)

子貢問政。

子曰、「足食、足兵、民信[2]之❶矣。」

1 **季康子** 魯の大夫。季《き》孫《そん》肥《ぴ》のこと。

2 **信** 信義を重んずるようにさせる。

❶「之」は、何をさしているか。

検印

子貢曰「必不得已而去、於斯三者、

何*先。」

曰「去兵。」

子貢曰「必不得已而去、於斯二[2]者、

何先。」

曰「去食。自古皆有死。民無信、不[3]立。」

（顔淵）

[2] 「二者」は、何をさしているか。

[3] 不立（政治は）成り立たない。

子曰、「道之[❸]以政[4]、斉[5]之以刑[❹]、民免[6]而
無恥。道之以徳[7]、斉之以礼[8][❹]、有恥且格。」

（為政）

子曰、「為政以徳。譬如北[9]辰居其所而
衆星共之[❺]。」

（為政）

❸ 以下、四つの「之」は何をさすか。

4 **政** 法律や規則。

5 **斉** そろえる。統制する。

6 **免** 抜け道を考える。

7 **徳** 人間としての正しい道。道徳。

8 **礼** 礼儀。「仁」の心を形に表したもの。

❹ 「刑」と「礼」とはどこがどのように違うのか

9 **北辰** 北極星。

❺ 「之」は、何をさしているか。

＊孰カ～ン。（反語）誰が～か、いや、～ない。

＊何ヲカ～。（疑問）何を～か。

学習の手引き

一　孔子は、政治の根本は何であると述べているか、説明してみよう。

二　孔子は、為政者と民との関係はどのようにあるべきだと考えているか、まとめてみよう。

活動の手引き

一　孔子のさまざまなエピソードについて調べ、とくに興味を持ったことを文章にまとめて発表しよう。

教科書　p.276〜281

◆文章

桃花源記[1]

陶潜

晋[2]太[3]元中、武[4]陵人捕魚為業。縁[5]渓行、

忘路之遠近。忽逢桃花林。夾[6]岸数百歩、

中無雑樹。芳草鮮美、落[7]英繽[8]紛。

漁人甚異之、復前行、欲窮其林。

林尽水源、便得一山。山有小口、

髣[9]髴若有光。便捨船、従口入。

1 記 文体の一種。事実をありのままに述べるもの。ここは、その形式をまねたもの。

2 晋 東晋(三一七—四二〇)。

3 太元 孝武帝《こうぶてい》のときの年号。三七六—三九六。

4 武陵 今の湖南省常徳市。

5 縁渓 谷川に沿って。

6 夾岸 川の両岸。

7 落英 散り落ちる花びら。

8 繽紛 ひらひらと乱れ散るさま。

9 髣髴 ぼんやりとして、はっきりしないさま。

検印

初極狭、纔*通人。復行数十歩、
豁[10]然開[11]朗。土地平[12]曠、屋舎儼[13]然。
有良田美池桑竹之属。阡[14]陌交通、
鶏犬相聞。其中往来種[15]作男女衣着、
悉如外人。黄[16]髪垂[17]髫、並怡[18]然自楽。
見漁人、乃大驚、問所従来。具答之。

10 豁然 からりと開けるさま。
11 開朗 広々として明るいさま。
12 平曠 平らで広々としているさま。
13 儼然 きちんと整っているさま。
14 阡陌 あぜ道。
15 種作 種をまき、耕作する。
16 黄髪 黄色くなった髪。老人。
17 垂髫 さげ髪。子供。
18 怡然 楽しむさま。

便要[19]還家、設酒殺鶏作食。
村中聞有此人、咸来問[20]訊。自云、
「先[21]世避秦[22]時乱、率妻子邑人、来此絶境、
不復出焉。遂与外人間隔。」問、「今是何世。」
乃不知有漢[23]、無論魏[24]・晋。此人一一為
具❶言所聞、皆歎[25]惋。余人各復延[26]至其家、

19 **要** 来てほしいと迎える。

20 **問訊** 挨拶をする。

21 **先世** 先祖。

22 **秦時乱** 秦(前二二一—前二〇六)の圧政に対する民衆の蜂起に始まり、各地の群雄が秦打倒のために兵を挙げた戦乱。

23 **漢** 漢代(前二〇六—二二〇)。

24 **魏・晋** 魏代(二二〇—二六五)、晋代(二六五—四二〇)。

❶「具言所聞」の内容はどのようなことか。

25 **歎惋** 嘆息したり驚いたりする。

26 **延** 招く。

皆出酒食。停数日辞去。此中人語云、

「不足為外人道也。」

既出。得其船、便扶向路、処処誌[27]之。

及郡[28]下、詣太[29]守説如此。太守即遣人

随其往、尋向所誌、遂迷不*復得路。

南[30]陽劉[31]子驥高[32]尚士也。聞之、欣然

27 誌　目印をつける。

28 郡下　郡役所のある所。

29 太守　郡の長官。

30 南陽　今の河南省南陽市。

31 劉子驥　名は麟之《りんし》。「子驥」は字。当時の隠者。

32 高尚士　世俗的な名利を捨てて隠棲《いんせい》している人。

規往。未果、尋[33]病終。後遂無問津者。

（陶淵明集）

33 尋　間もなく。

学習の手引き

一　桃花源に至る道筋や村の描写を整理し、それらからわかる桃源郷のありようを説明してみよう。

二「漁人」「太守」と「劉子驥」とを比較し、最後の段落を記した作者の意図について、説明してみよう。

活動の手引き

一　陶潜が描いた理想郷観の根本には、中国の老荘思想の考え方があるとされている。とくに『老子《ろうし》』の「小国寡民」の思想について調べ、本文との類似点を発表してみよう。

＊纔《カニ》～《ノミ》。（限定）やっと～だけだ。
＊不二復《タ》～一。（一部否定）二度とは～しない。

◆文章

離魂記

陳玄祐

天[1]授三年、清[2]河張鎰、因官家于衡[3]州。

性簡[4]静、寡知友。無子[5]、有女二人。

其長早亡、幼女倩娘、端[6]妍絶倫。鎰外[7]甥

太[8]原王宙、幼聡悟、美容[9]範。鎰常器[10]重、

毎曰、「他時当以倩娘妻之。」

後各長成。宙与倩娘、

1 **天授三年** 六九二年。「天授」は、則天武后《そくてんぶこう》のときの年号。
2 **清河** 今の河北省清河県。
3 **衡州** 今の湖南省衡陽市。
4 **簡静** 飾り気がなく、もの静かなさま。
5 **子** 男子。
6 **端妍絶倫** 容姿端麗で絶世の美女。
7 **外甥** 母の姉妹の子。おい。
8 **太原** 今の山西省太原市。
9 **容範** 姿かたち。
10 **器重** 才能を認めて重んずる。

検印

常私感[11]想於寤[12]寐、家人莫知其状。

後有賓[13]寮之選者求之❶、鎰許焉。女聞而鬱[14]抑。宙亦深恚[15]恨、託[16]以当[17]調、請赴京。

止❷之不可、遂厚遣之。宙陰恨悲慟、決別上船。

日暮、至山[18]郭数里。夜方半、宙不寐。

11 **感想** 思いを寄せる。
12 **寤寐** 寝ても覚めても。

13 **賓寮之選者** 同僚の中の優れた者。
❶「之」とは、誰をさすか。

14 **鬱抑** ふさぎこむ。
15 **恚恨** 怒り恨む。
16 **託** 口実にする。
17 **当調** 任官。

❷「止之不可、遂厚遣之。」は、どういう意味か。

18 **山郭** 山村。

忽聞岸上有一人。行[19]声甚速、須臾至船。
問之、乃倩娘徒[20]行跣足而至。
宙驚喜発狂、執手問其従来。泣曰、
「君厚意如此、寝食相感。今将奪❸我此志、
又知君深情不易、思将殺身奉報、
是以亡[21]命来奔。」宙非意❹所望、欣躍特甚。

19 **行声** 足音。

20 **徒行跣足** はだしで歩く。

❸「奪」の主語は誰か。

21 **亡命** 家を捨てて逃げ出す。

❹「意所望」とは、どういうことか。

遂匿倩娘于船、連夜遁去、倍[22]道兼行、

数月至蜀[23]。

凡五年、生両子、与鎰絶信。其妻

常思父母、涕泣言曰、「吾曩日、不能相[5]負、

棄大[24]義而来奔君。向今五年、恩[25]慈間[26]阻。

覆[27]載之下、胡顔独存也。」宙哀之曰、

22 **倍道兼行** 二日の行程を一日で行く。昼夜兼行。

23 **蜀** 今の四川省一帯の地。

[5] 「相負」とは、誰に負くのか。

24 **大義** 父母に対する子としての義理。孝。

25 **恩慈** 親子の情。

26 **間阻** 隔たる。

27 **覆載之下** 天地の間。この世。

「将帰。無苦。」遂倶帰衡州。

既至、宙独身先至鎰家、首謝其事。

鎰曰、「倩娘病在閨中数年、何*其詭[28]説也。」

宙曰、「見[29]在舟中。」鎰大驚、促使人験之。

果見倩娘在船中。顔色怡[30]暢、訊使者曰、

「大[31]人安*否。」家人異之、疾走報鎰。室中女

28 詭説 でたらめを言う。

29 見 「現」と同義。

30 怡暢 にこやかな様子。

31 大人 父に対する尊称。

聞、喜而起、飾粧更衣、笑而不語。出

与[6]相迎、翕[32]然而合為一体、其衣裳皆重。

其家以事不正秘之。惟親戚間、

有潜知之者。後四十年間、夫妻皆喪。

二男並孝[33]廉擢[34]第、至丞[35]・尉。

玄祐少常聞此説。而多異同、

6 「与相迎」とは、どういう意味か。

32 **翕然** ぴたりと合わさるさま。

33 **孝廉** 官吏登用試験の科目名の一つ。地方長官によって推挙されるもの。

34 **擢第** 合格する。

35 **丞・尉** 県丞と県尉。県の長官の補佐役。

或謂其虚。大[36]暦末、遇莱[37]蕪県令[38]張仲規。

因備述其本末。鎰則仲規堂[39]叔、

而説極備[40]悉。故記之。

36 大暦 唐の代宗《だいそう》のときの年号。七六六—七七九。

37 莱蕪県 今の山東省莱蕪市。

38 令 県の長官。

39 堂叔 父方の叔父。

40 備悉 詳しい。

学習の手引き

一 「倩娘」と「王宙」の互いを思う心情を、第三段落までの記述から整理しよう。

二 「倩娘」の身に起こった「事不正」を、「離魂」というタイトルと符合させながら、説明してみよう。

活動の手引き

一 最後の段落の記述は、この話にどのような読後感を与える効果をあげているか、考えたことを自由に発表し合おう。

＊何《ソ》其《レ》～也《や》。（感嘆）なんと～であることよ。

＊～《ヤ》否《ヤ》。（疑問）～かどうか。